# 맞아요!

# 플라스틱
# 빨대!

아주아주 위험한 물건이지요.
이 물건이 얼마나 위험한지 이해할 수 있도록
지금부터 실제로 있었던 이야기를 들려줄게요!

마을에서 매우 기쁜 소식이 전해졌습니다!
루파 씨가 주름살 하나 없이 93번째 생일을 맞이했어요.

바다에서도 매우 기쁜 소식이 들려왔습니다!
거북이 카레타 부인이 곧 엄마가 될 예정이랍니다.

루파 부인은 남편을 위해 깜짝 선물을 준비했습니다.
그건 바로 놀이공원에서 큰 파티를 여는 것이지요.

루파 씨, 생일 축하합니다!

카레타 부인은 온 힘을 다해
모래를 파헤쳤어요.
카레타 부인은 한 번에 80개,
아니, 100개나 되는
알을 낳아야 했습니다.

친구들이 하나둘 파티에 나타나기 시작했습니다.
모두들 양손 가득 선물을 들고 행복해하는 모습이었어요.

카레타 부인은 알을 낳은 후, 알들을 안전하게 보호하기 위해
둥지를 모래로 꼼꼼히 덮어두었습니다.

찰칵!

생일 축하합니다, 루파 씨!

사람들은 다 함께
웃고 즐기며 먹고 마셨습니다.

카레타 부인은 이제 완전히 지쳐버렸어요.
카레타 부인에게 필요한 건 꿀맛 같은 잠이 전부였습니다.

사람들은 귀신 열차를 몇 번이나 탔어요.
범퍼카와 관람차, 회전목마도 탔습니다.
그리고 폴카, 살사, 차차차까지 춤을 추고 또 추었습니다.

카레타 부인은 몹시 피곤했지만, 마음만은 행복으로 가득 차있었어요.
그리고 천천히 바다로 향했습니다.

파티가 끝난 후,
모두들 즐거운 마음으로
집으로 돌아갔습니다.

해변에서 멀리 떨어지지 않은 바닷속,
카레타 부인은 산호초 아래에서
잠을 청했습니다.

슬프게도, 이 이야기는 여기서 끝나지 않았습니다.

슬프게도, 이 이야기는 여기서 끝나지 않았습니다.

파티에서 쓰인 플라스틱 빨대 하나가
쓰레기봉투에서 떨어져 빗물과 함께
떠내려갔어요.

철퍽,

철퍽,

철퍽...

짧은 휴식 후, 부족한 힘을 조금이나마 채운
카레타 부인은 꼬르륵 소리가 나는 배를 움켜쥐고
먹을 것을 찾아 헤엄치기 시작했습니다.

사람들이 다니는 도로를 지나 숲을 건넌
플라스틱 빨대는 결국 강에 도착했습니다.

카레타 부인은 깊은 바닷속을 헤엄치고 또 헤엄쳤어요.
바닷속은 온통 플라스틱 통과 비닐봉지로 가득했습니다.
이렇게 엉망인 곳에서 식사할 수는 없었어요!

카레타 부인은 그렇게
먼 길을 떠나야 했습니다.

강물은 빠르게 흘러
파티에서 사용한 플라스틱 빨대를
바다까지 흘려보냈습니다.

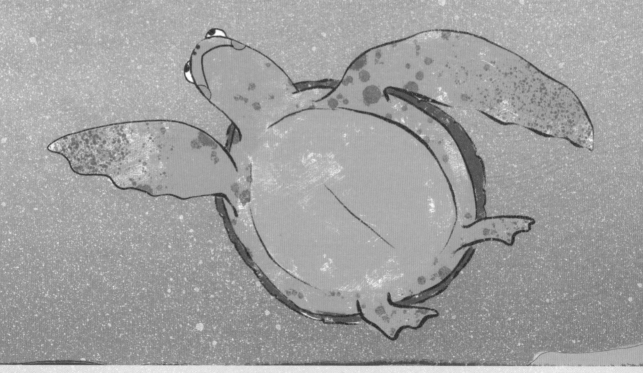

카레타 부인은 너무도 배가 고팠습니다.
쉬지 않고 헤엄을 친 탓이었지요.

무슨 일이
일어났을까요?

그녀는 작은 게가 끽끽 소리를 내는 것을 듣지도,
벨루가 두공 씨 부부가 손을 흔드는 것도 보지 못했습니다.

조용히 바다를 떠다니던 플라스틱 빨대는
갑작스러운 파도에 휩쓸려
더욱 큰 바다로 떠밀려오게 되었습니다.

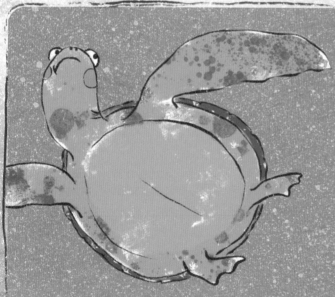

가장 가까운 해초 마을에는
천 마리도 넘는 물고기들이 소풍을 나와 있었어요.
하지만 그들과 함께할 기분이 아니었던 카레타 부인은
조용히 그곳을 떠났습니다.

그러고는 바람과 파도를 타고 온 바다를 여행하기 시작했어요.

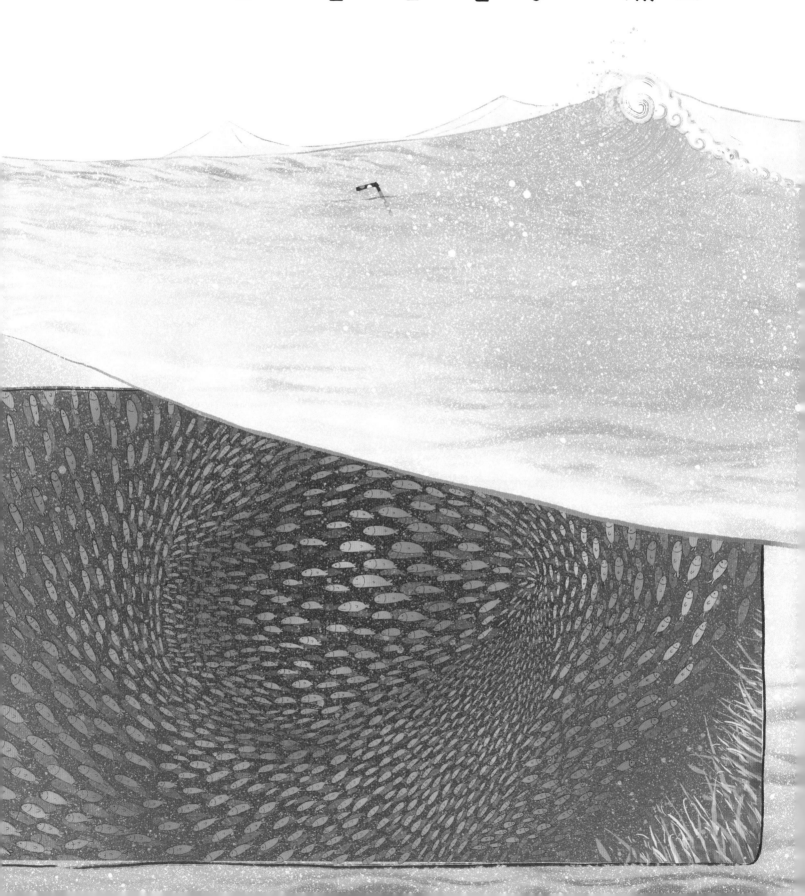

바다 한가운데를 떠다니던 플라스틱 빨대는
어느덧 깊은 물속으로 가라앉기 시작했습니다.

마침내 조용한 해초 마을을 발견한 카레타 부인은
드디어 배를 채울 수 있다는 생각에 기뻐했어요.
물론 가장 맛있는 해초는 당연히 제일 깊숙한 곳에 있었으므로
카레타 부인은 깊이 잠수한 뒤 만찬을 즐기려 했습니다.

플라스틱 빨대는
이제 물살에 맞춰
춤을 추는 해초 더미 속에
있었어요.

카레타 부인은 군침을 삼키며 해초를 한입 베어 물었습니다。
이 순간은 카레타 부인에게 있어 가장 행복한 순간이랍니다!

# 우웩! 이게 뭐지?!

카레타 부인은 플라스틱 빨대를 보지 못하고

그만 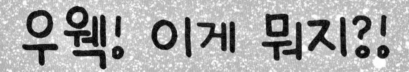"**꿀꺽**" 삼켜버렸습니다!

카레타 부인은 몹시 괴로워했지만,

근처에 도움을 줄 만한 물고기는

한 마리도 없었어요.

다행히도, 캑캑대는 소리를 들은 내가 번개처럼 나타나 그녀를 구했어요.
덕분에 카레타 부인은 무사할 수 있었습니다.

절대로, 다시는 이런 일이 일어나서는 안 된다고 생각하시나요?
그렇다면 나와 몇 가지만 약속해 주세요.
아래에 몇 가지의 '펭귄과의 약속'이 있는데,
지키기 어려운 약속은 하나도 없답니다.

○ 나는 플라스틱 빨대를
사용하지 않겠습니다.

○ 나는 비닐봉지를
사용하지 않겠습니다.

○ 나는 플라스틱 용기를
사용하지 않겠습니다.

○ 나는 쓰레기를 아무 데나
버리지 않겠습니다.

○ 나는 다른 친구들에게도 '펭귄과의 약속'을 알려주겠습니다.

여러분이 가장 마음에 드는
'펭귄과의 약속'은 무엇인가요?

자, 어서 하나를 골라보세요!
전부 멋진 약속들이니까요!

# 펭귄과의 약속

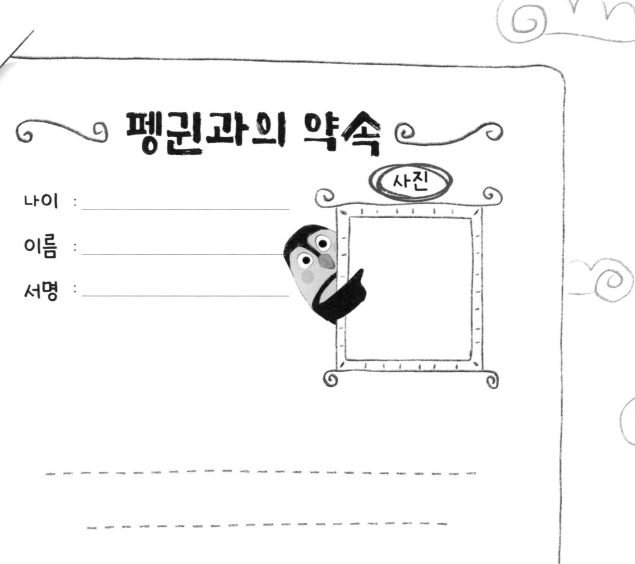

나이 : _____

이름 : _____

서명 : _____

사진

## 나는 위 약속을 지키겠습니다!

당신은 컵에 입을 대고 마시는 것보다
빨대를 사용하는 것을 좋아할지도 모릅니다.
또는 빨대가 꼭 필요한 상황이 생길 수도 있습니다!
그럴 땐 유리, 대나무, 종이, 스테인리스 빨대를 사용하는 것도
좋은 방법이 될 수 있습니다.
아니면 굵직한 스파게티 빨대로 한 모금 크게
**꿀꺽** 들이마시는 방법도 있지요!

**펭귄과의 약속**은 환경 문제의 심각성을 알리기 위해 2011년 처음 시작된 캠페인으로, 시민 사회의 여러 단체로부터 지지를 얻었습니다.
이 캠페인은 우리가 집이라고 부르는 아름다운 지구를 지키기 위해 일상의 작은 부분들을 변화시킬 것을 부탁하고 있어요.

물론 플라스틱 빨대와 용기, 비닐봉지를 사용하지 않고 쓰레기를 아무 데나 버리지 않는 것만이 펭귄과의 약속은 아닙니다.
우리는 내가 지키고 싶은, 나만의 펭귄과의 약속을 만들 수도 있습니다.
자, 어떤가요?

춘희네 환경 그림책

# 작지만, 위험한 빨대

발행 2022년 8월 29일

글 Elif Yonat Toğay
그림 Gamze Seret
옮긴이 장비안

펴낸곳 춘희네책방
편집 서정빈 김혜영
디자인 김혜민   조판 Yamyam디자인
등록 2022년 02월 11일
주소 10938 경기 파주시 조리읍 두루봉로 40
전화 070-4849-5121  팩스 070-8677-3931
이메일 choonybook@naver.com
춘희네책방은 ㈜베스트비의 그림책 전문 브랜드입니다.

ISBN 979-11-979236-1-6 (77830)
값 14,000원

• 잘못된 책은 바꾸어 드립니다.